Impressum
Verlag: BABADADA GmbH, Nedderfeld 112 , 22529 Hamburg
Geschäftsführer / Verlagsleitung: Harald Hof
Druck: Books on Demand GmbH, In de Tarpen 42, 22848 Norderstedt

Imprint
Publisher: BABADADA GmbH, Nedderfeld 112 , 22529 Hamburg, Germany
Managing Director / Publishing direction: Harald Hof
Print: Books on Demand GmbH, In de Tarpen 42, 22848 Norderstedt

l'école
школа

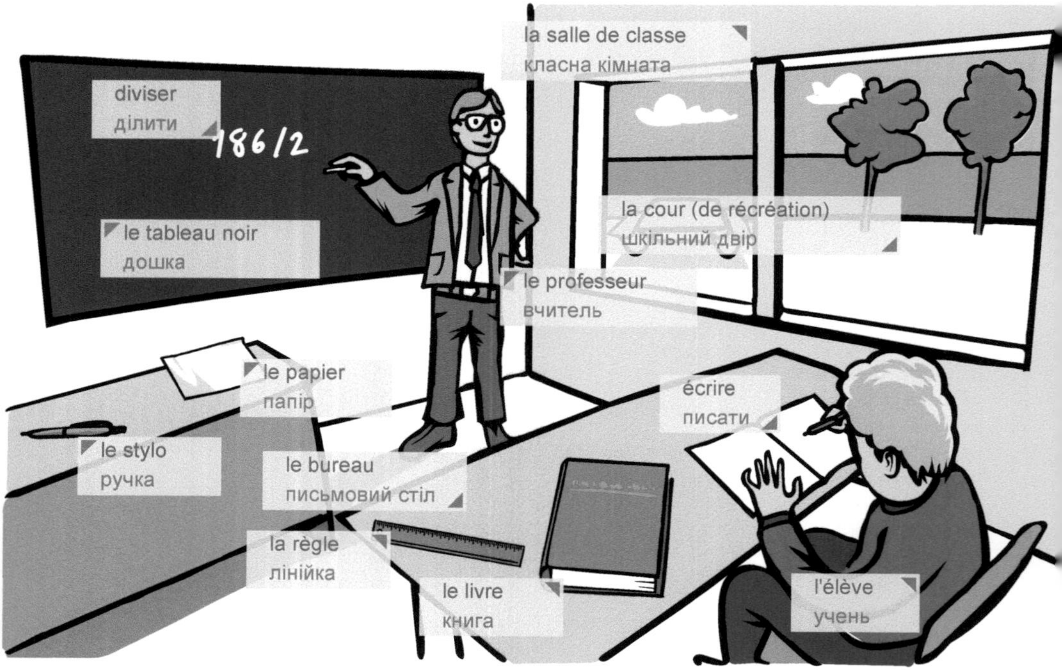
la salle de classe
класна кімната
diviser
ділити
186/2
le tableau noir
дошка
la cour (de récréation)
шкільний двір
le professeur
вчитель
le papier
папір
écrire
писати
le stylo
ручка
le bureau
письмовий стіл
la règle
лінійка
le livre
книга
l'élève
учень

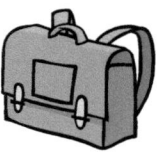

le cartable
ранець

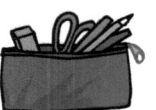

la trousse
пенал

le crayon
олівець

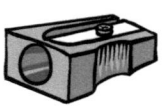

le taille-crayon
точило

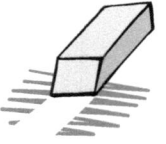

la gomme
гумка

le carnet à dessin
альбом для малювання

le dessin

малюнок

le pinceau

пензель

la boîte de peinture

коробка фарб

les ciseaux

ножиці

la colle

клей

le cahier d'exercices

зошит

les devoirs

домашнє завдання

le chiffre

число

additionner

додавати

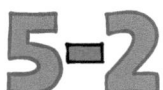

soustraire

віднімати

multiplier

множити

calculer

рахувати

la lettre

літера

l'alphabet

абетка

le mot

слово

le texte

текст

lire

читати

la craie

крейда

la leçon

година

le livre de classe

класний журнал

l'examen

екзамен

le certificat

диплом

l'uniforme scolaire

шкільна форма

la formation

освіта

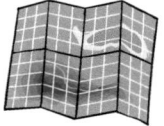

le lexique

лексикон

l'université

університет

le microscope

мікроскоп

la carte

карта

la corbeille à papier

кошик для паперу

le voyage

подорож

l'hôtel
готель
Grand
l'auberge
турбаза
ROOMS
le bureau de change
обмінний пункт
CHANGE
la valise
валіза
la voiture
автомобіль

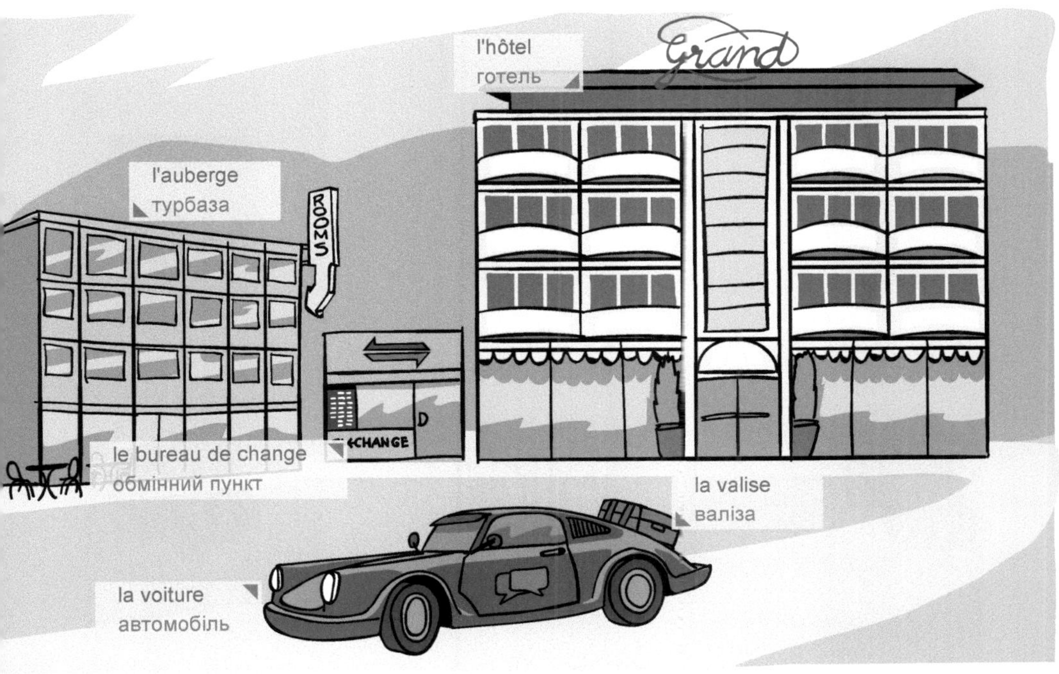

la langue

мова

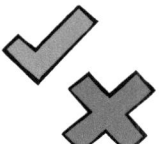

oui / non

так / ні

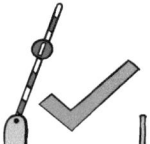

d'accord

добре

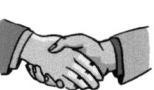

Salut

привіт

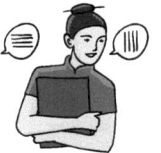

l'interprète

перекладач

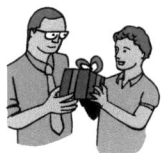

merci

дякую

Combien coûte...?

Скільки коштує ...?

Je ne comprends pas

Я не розумію

le problème

проблема

Bonsoir !

Добрий вечір!

Bonjour !

Доброго ранку!

Bonne nuit !

На добраніч!

Au revoir

До побачення

la direction

напрямок

les bagages

багаж

le sac

сумка

le sac-à-dos

рюкзак

l'hôte

гість

la pièce

кімната

le sac de couchage

спальний мішок

la tente

намет

l'office de tourisme

туристична інформація

la plage

пляж

la carte de crédit

кредитна картка

le petit-déjeuner

сніданок

le déjeuner

обід

le dîner

вечеря

le billet

квиток

l'ascenseur

ліфт

le timbre

поштова марка

la frontière

межа

la douane

митниця

l'ambassade

посольство

le visa

віза

le passeport

паспорт

le voyage - подорож

le transport

транспорт

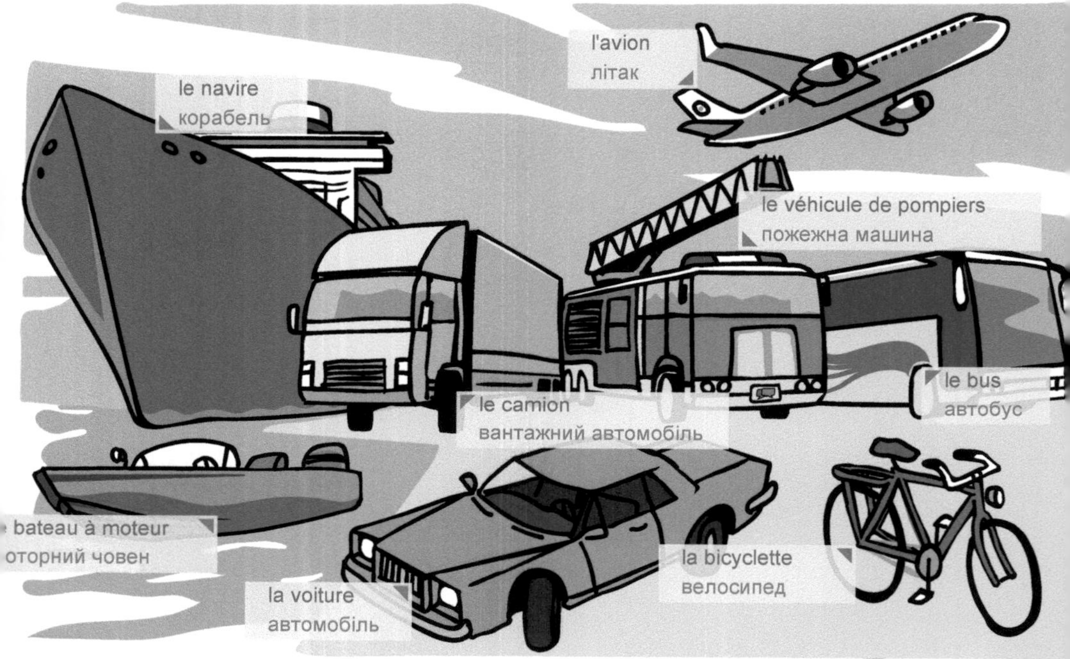
l'avion
літак
le navire
корабель
le véhicule de pompiers
пожежна машина
le bus
автобус
le camion
вантажний автомобіль
bateau à moteur
оторний човен
la bicyclette
велосипед
la voiture
автомобіль

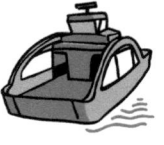

le ferry

пором

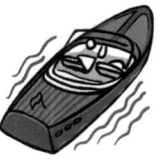

la barque

човен

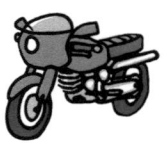

la moto

мотоцикл

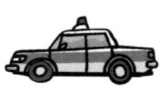

la voiture de police

поліцейська машина

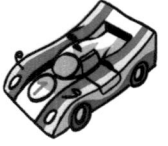

la voiture de course

гоночний автомобіль

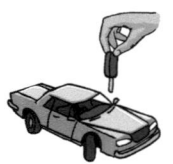

la voiture de location

автомобіль на прокат

l'auto-partage

спільне користування авто

la voiture de remorquage

евакуатор

la benne à ordures

сміттєвоз

le moteur

двигун

l'essence

паливо

la station d'essence

автозаправна станція

le panneau indicateur

дорожній знак

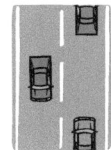

le trafic

рух

l'embouteillage

затор

le parking

стоянка

la gare

вокзал

les rails

рейки

le train

потяг

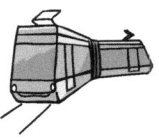

le tramway

трамвай

le wagon

вагон

l'hélicoptère
гелікоптер

l'aéroport
аеропорт

la tour
вежа

le passager
пасажир

le conteneur
контейнер

le carton
коробка

le chariot
візок

la corbeille
кошик

décoller / atterrir
стартувати / приземлятися

la ville

місто

le village
село

le centre-ville
центр міста

la maison
дім

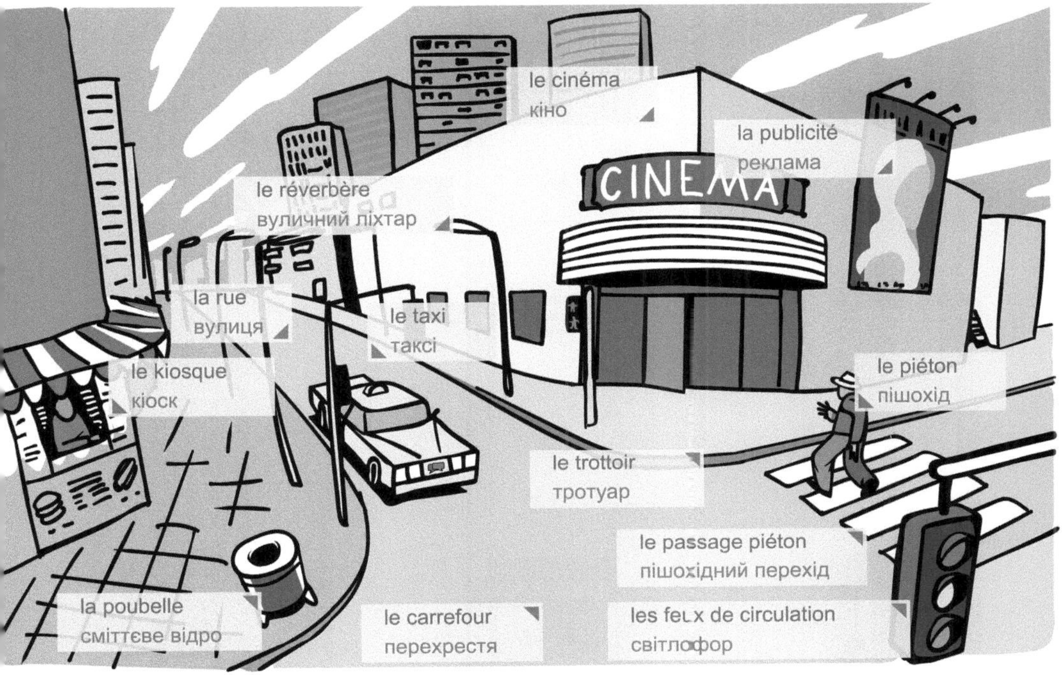

le cinéma
кіно

la publicité
реклама

le réverbère
вуличний ліхтар

la rue
вулиця

le taxi
таксі

le kiosque
кіоск

le piéton
пішохід

le trottoir
тротуар

le passage piéton
пішохідний перехід

la poubelle
сміттєве відро

le carrefour
перехрестя

les feux de circulation
світлофор

CINEMA

la cabane

хатина

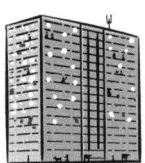

l'appartement

квартира

la gare

вокзал

la mairie

ратуша

le musée

музей

l'école

школа

l'université

університет

la banque

банк

l'hôpital

лікарня

l'hôtel

готель

la pharmacie

аптека

le bureau

офіс

la librairie

книжковий магазин

le magasin

магазин

le fleuriste

квітковий магазин

le supermarché

супермаркет

le marché

ринок

le grand magasin

універмаг

la poissonnerie

торговець рибою

le centre commercial

торговельний центр

le port

гавань

le parc

парк

la banque

лава

le pont

міст

les escaliers

сходи

le métro

метро

le tunnel

тунель

l'arrêt de bus

автобусна зупинка

le bar

бар

le restaurant

ресторан

la boîte à lettres

поштова скринька

le panneau indicateur

вулична табличка

le parcmètre

лічильник паркування

le zoo

зоопарк

le réverbère

басейн

la mosquée

мечеть

la ferme

ферма

la pollution

забруднення
навколишнього
середовища

la cimetière

кладовище

l'église

церква

l'aire de jeux

дитячий майданчик

le temple

храм

le paysage
ландшафт

la feuille
листок

le panneau indicateur
вказівний стовп

le chemin
шлях

le pré
луг

la pierre
камінь

le randonneur
мандрівник

l'arbre
дерево

la rivière
річка

l'herbe
трава

la fleur
квітка

la vallée

долина

la montagne

гора

le lac

озеро

la forêt

ліс

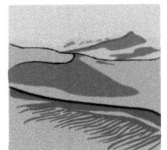

le désert

пустеля

le volcan

вулкан

le château

замок

l'arc-en-ciel

веселка

le champignon

гриб

le palmier

пальма

le moustique

комар

la mouche

муха

les fourmis

мурашка

l'abeille

бджола

l'araignée

павук

le paysage - ландшафт

le coléoptère

жук

la grenouille

жаба

l'écureuil

вивірка

le hérisson

їжак

le lièvre

заєць

la chouette

сова

l'oiseau

птах

le cygne

лебідь

le sanglier

кабан

le cerf

олень

l'élan

лось

le barrage

гребля

l'éolienne

вітряк

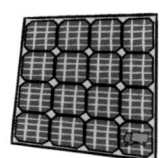

le panneau solaire

сонячний модуль

le climat

клімат

le restaurant

ресторан

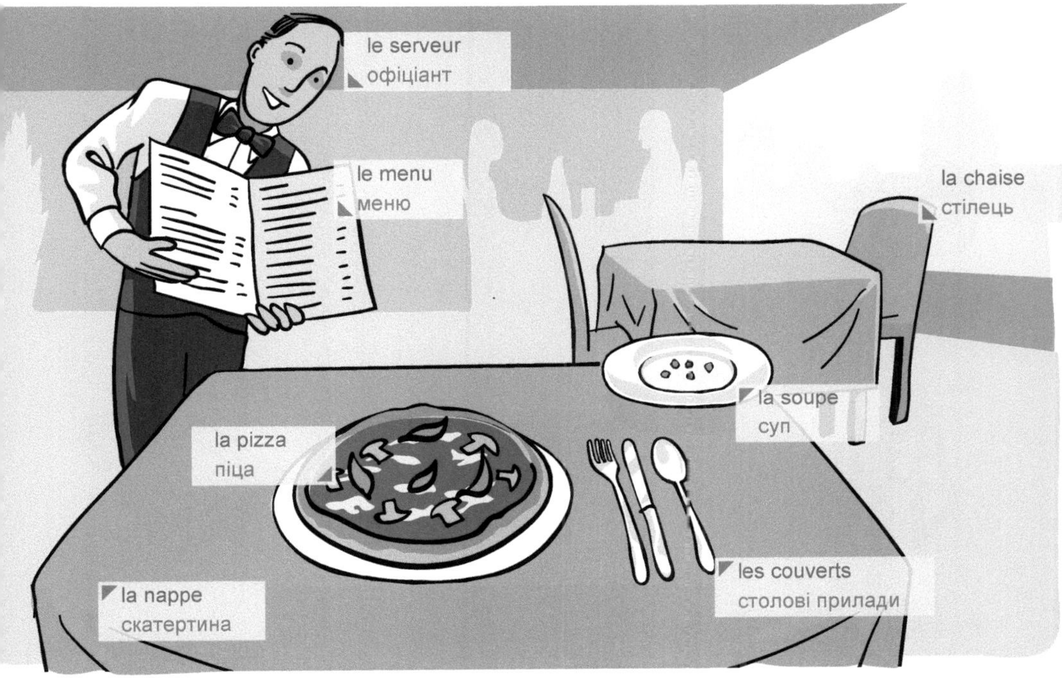

le serveur
офіціант
le menu
меню
la chaise
стілець
la soupe
суп
la pizza
піца
les couverts
столові прилади
la nappe
скатертина

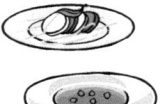

les hors d'œuvre

закуска

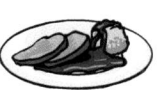

le plat principal

друга страва

le dessert

десерт

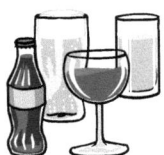

les boissons

напої

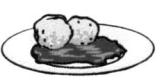

l'alimentation

їжа

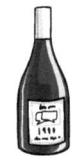

la bouteille

пляшка

le fast-food

фаст-фуд

les plats à emporter

вулична їжа

la théière

чайник

le sucrier

цукорниця

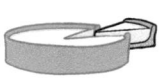

la portion

порція

la machine à expresso

еспресо-машина

la chaise haute

високий стільчик

la facture

рахунок

le plateau

піднос

le couteau

ніж

la fourchette

вилка

la cuillère

ложка

la cuillère à thé

чайна ложка

la serviette

серветка

le verre

склянка

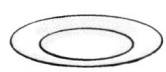

l'assiette

тарілка

l'assiette à soupe

тарілка для супу

la soucoupe

блюдце

la sauce

соус

la salière

солонка

le moulin à poivre

млин для перцю

le vinaigre

оцет

l'huile

масло

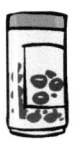

les épices

спеції

le ketchup

кетчуп

la moutarde

гірчиця

la mayonnaise

майонез

le supermarché

супермаркет

l'offre promotionnelle
пропозиція
FOR
le client
клієнт
les produits laitiers
молочні продукти
les fruits
фрукти
le chariot
візок для покупок

BUTCHERS

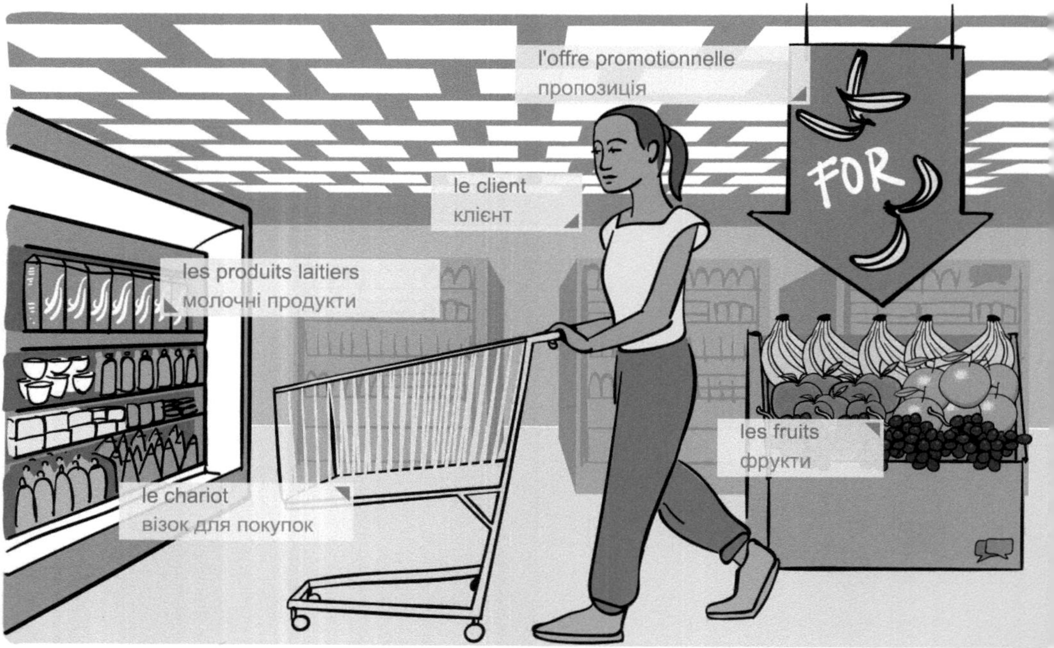

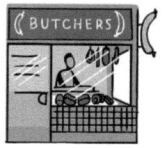

la boucherie

м'ясний магазин

BAKERY

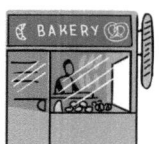

la boulangerie

пекарня

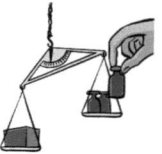

peser

зважувати

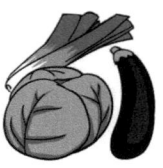

les légumes

овочі

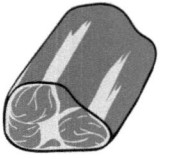

la viande

м'ясо

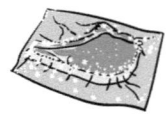

les aliments surgelés

заморожені продукти

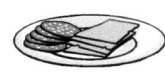

la charcuterie
ковбасна нарізка

les conserves
консерви

la poudre à lessive
пральний порошок

les bonbons
солодощі

les articles ménagers
предмети домашнього побуту

les détergents
мийний засіб

la vendeuse
продавщиця

la caisse
каса

le caissier
касир

la liste d'achats
список покупок

les heures d'ouverture
часи роботи

le portefeuille
гаманець

la carte de crédit
кредитна картка

le sac
сумка

le sac en plastique
поліетиленовий пакет

l'eau

вода

le jus de fruit

сік

le lait

молоко

le coca

кола

le vin

вино

la bière

пиво

l'alcool

алкоголь

le chocolat chaud

какао

le thé

чай

le café

кава

l'expresso

еспресо

le cappuccino

капучіно

la banane

банан

la pomme

яблуко

l'orange

апельсин

le melon

кавун

le citron.

лимон

la carotte

морква

l'ail

часник

le bambou

бамбук

l'oignon

цибуля

le champignon

гриб

les noisettes

горішки

les pâtes

локшина

les spaghetti

спагеті

le riz

рис

la salade

салат

les pommes frites

картопля фрі

les pommes de terre rôties

смажена картопля

la pizza

піца

le hamburger

гамбургер

le sandwich

бутерброд

l'escalope

шніцель

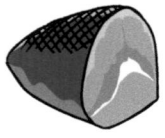

le jambon

шинка

le salami

салямі

la saucisse

ковбаса

le poulet

курка

le rôti

печеня

le poisson

риба

les flocons d'avoine

вівсяні пластівці

le muesli

мюслі

les cornflakes

кукурудзяні пластівці

la farine

борошно

le croissant

круасан

les petits-pains

булочка

le pain

хліб

le pain grillé

тостовий хліб

les biscuits

печиво

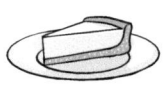

le beurre

масло

le fromage blanc

сир

le gâteau

пиріг

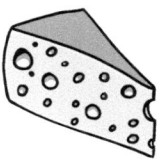

l'œuf

яйце

l'œuf au plat

яєчня

le fromage

сир

la glace

морозиво

le sucre

цукор

le miel

мед

la confiture

мармелад

la crème nougat

нуга-крем

le curry

карі

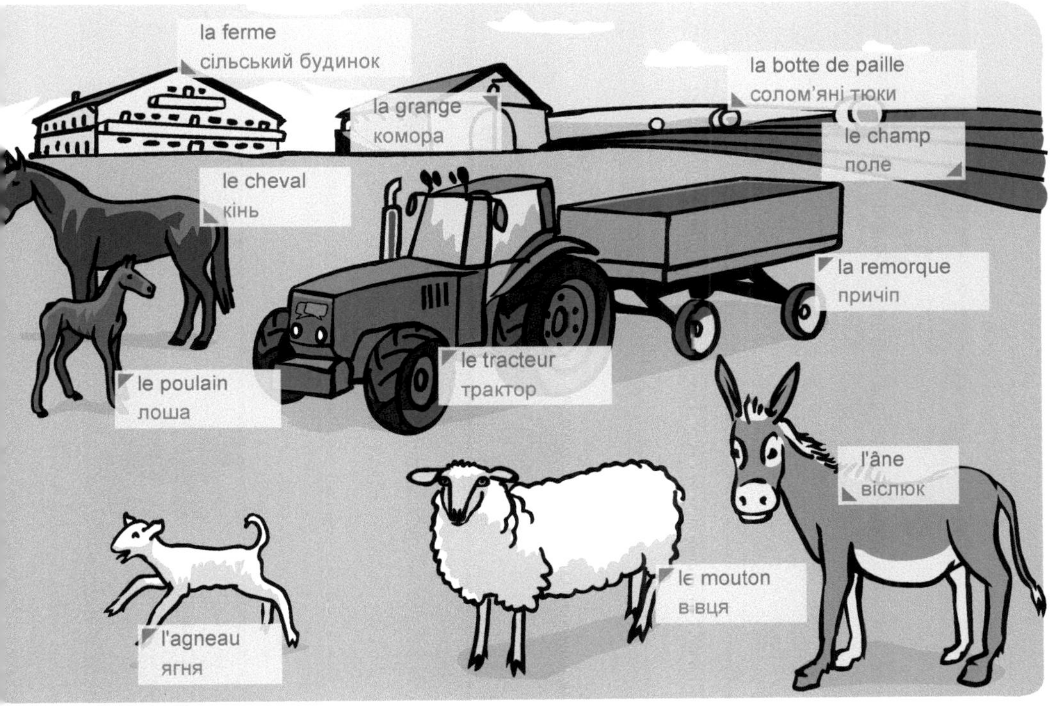

la ferme
сільський будинок

la botte de paille
солом'яні тюки

la grange
комора

le champ
поле

le cheval
кінь

la remorque
причіп

le poulain
лоша

le tracteur
трактор

l'âne
віслюк

le mouton
вівця

l'agneau
ягня

la chèvre

коза

la vache

корова

le veau

теля

le porc

свиня

le porcelet

порося

le taureau

бик

l'oie

гусак

le canard

качка

le poussin

курча

la poule

курка

le coq

півень

le rat

щур

le chat

кіт

la souris

миша

le bœuf

віл

le chien

собака

le chenil

собача будка

le tuyau de jardin

садовий шланг

l'arrosoir

лійка

la faucheuse

коса

la charrue

плуг

la faucille

серп

la pioche

мотика

la fourche

вила

la hache

сокира

la brouette

тачка

la cuve

корито

le pot à lait

бідон молока

le sac

мішок

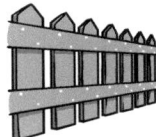

la clôture

паркан

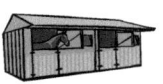

l'étable

хлів

le serre

теплиця

le sol

ґрунт

les semences

насіння

l'engrais

добриво

la moissonneuse-batteuse

комбайн

la ferme - ферма

récolter

пожинати

la récolte

урожай

l'igname

корінь ямсу

le blé

пшениця

le soja

соя

la pomme de terre

картопля

le maïs

кукурудза

le colza

ріпак

l'arbre fruitier

плодове дерево

le manioc

маніок

les céréales

злаки

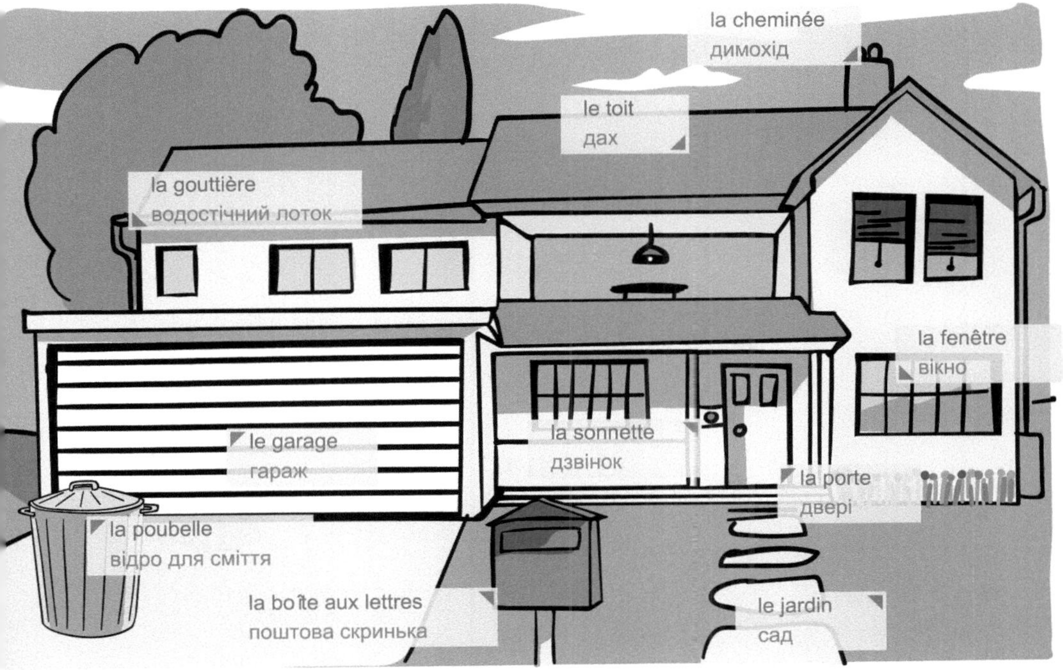

la cheminée
димохід

le toit
дах

la gouttière
водостічний лоток

la fenêtre
вікно

le garage
гараж

la sonnette
дзвінок

la porte
двері

la poubelle
відро для сміття

la boîte aux lettres
поштова скринька

le jardin
сад

le salon
вітальня

la salle de bain
ванна кімната

la cuisine
кухня

la chambre à coucher
спальня

la chambre d'enfant
дитяча кімната

la salle à manger
їдальня

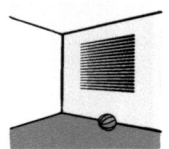

le sol

підлога

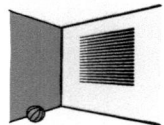

le mur

стіна

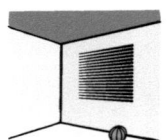

le plafond

стеля

la cave

підвал

le sauna

сауна

le balcon

балкон

la terrasse

тераса

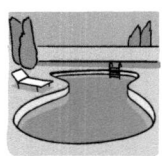

la piscine

басейн

la tondeuse à gazon

косарка

la housse

простирало

la couette

ковдра

le lit

ліжко

le balai

мітла

le sceau

відро

l'interrupteur

перемикач

le salon

вітальня

le papier peint
шпалери
l'image
малюнок
a lampe
лампа
l'étagère
поличка
l'armoire
шафа
la télé
телевізор
la cheminée
камін
la fleur
квітка
le coussin
подушка
le sofa
диван
le vase
ваза
la télécommande
пульт

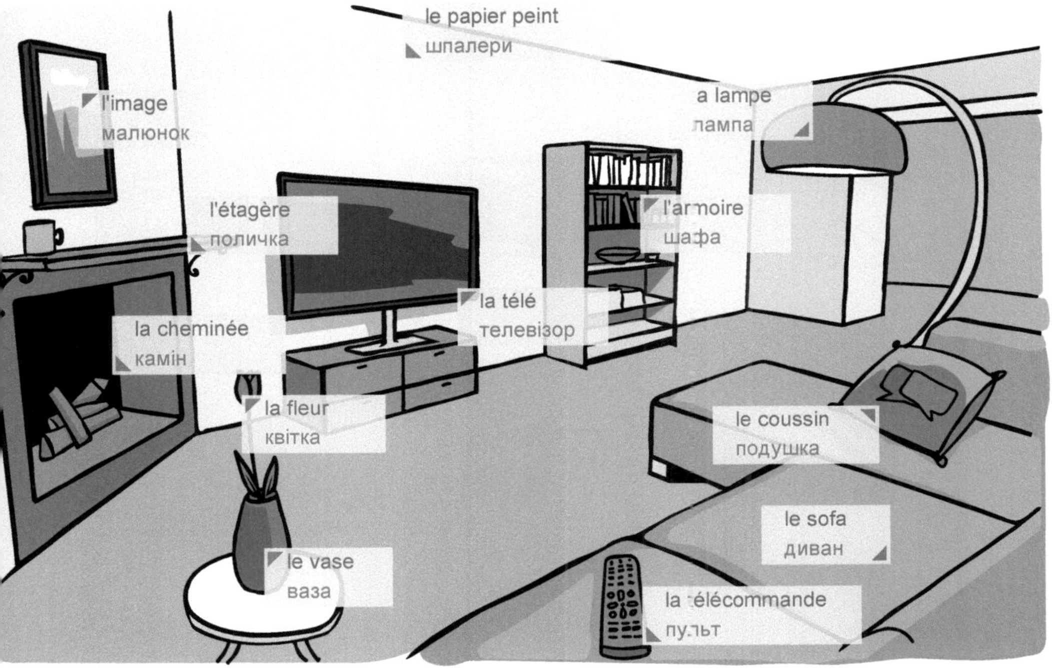

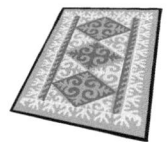

le tapis

килим

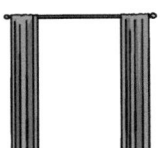

le rideau

завіса

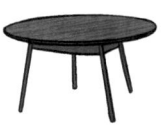

la table

стіл

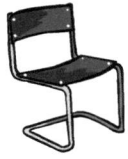

la chaise

стілець

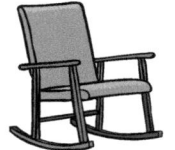

la chaise à bascule

крісло-гойдалка

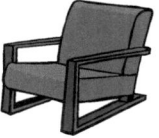

le fauteuil

крісло

le livre

книга

la couverture

ковдра

la décoration

прикраса

le bois de chauffage

дрова

le film

фільм

la chaîne hi-fi

стереосистема

la clé

ключ

le journal

газета

la peinture

картина

le poster

плакат

la radio

радіо

le bloc-notes

блокнот

l'aspirateur

пилосос

le cactus

кактус

la bougie

свічка

le salon - вітальня

la cuisine

кухня

le réfrigérateur
холодильник
le four à micro-ondes
мікрохвильова піч
la balance de cuisine
кухонні ваги
le grille-pain
тостер
le détergent
мийний засіб
le four
піч
le compartiment congélateur
морозильне відділення
la poubelle
відро для сміття
le lave-vaisselle
посудомийна машина

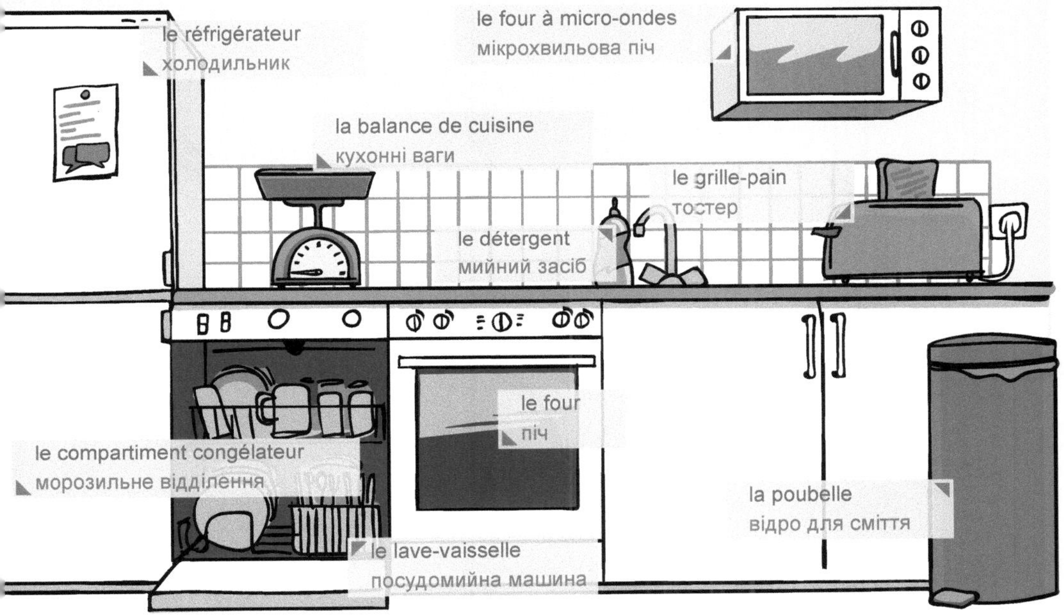

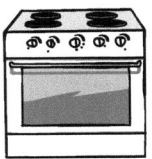

le four

плита

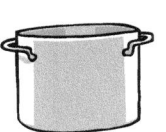

la casserole

горщик

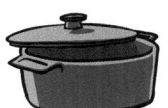

la marmite

чавунний горщик

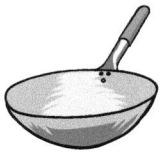

le wok / kadai

вок / кадай

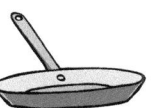

la poêle

сковорода

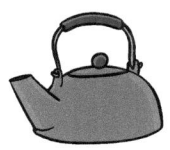

la bouilloire electrique

чайник

le cuiseur vapeur

пароварка

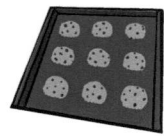

la plaque de cuisson

лист

la vaisselle

посуд

le gobelet

кухоль

la coupe

чаша

les baguettes

палички для їжі

la louche

черпак

la spatule

лопатка

le fouet

вінчик для збивання

la passoire

сито

le tamis

сито

la râpe

терка

le mortier

ступка

le barbecue

барбекю

la cheminée

багаття

la planche à découper

дошка

le rouleau à pâtisserie

качалка

le tire-bouchon

штопор

la boîte

консерва

l'ouvre-boîte

відкривачка

les maniques

прихватки

le lavabo

раковина

la brosse

щітка

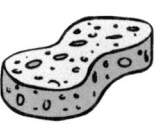

l'éponge

губка

le mixeur

міксер

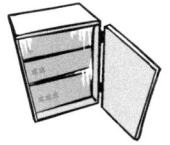

le congélateur

морозильна камера

le biberon

дитяча пляшка

le robinet

кран

la cuisine - кухня

la salle de bain

ванна кімната

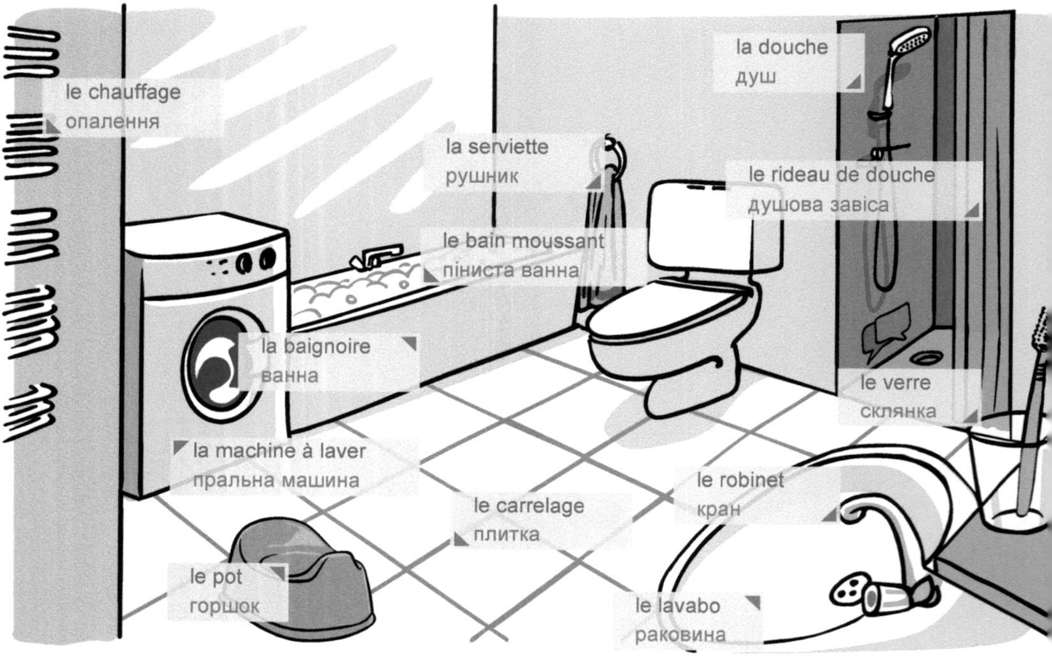

la douche
душ
le chauffage
опалення
la serviette
рушник
le rideau de douche
душова завіса
le bain moussant
пiниста ванна
la baignoire
ванна
le verre
склянка
la machine à laver
пральна машина
le robinet
кран
le carrelage
плитка
le pot
горшок
le lavabo
раковина

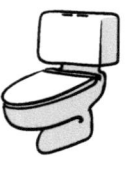

les toilettes

туалет

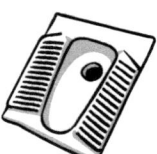

la toilette à la turque

підлоговий туалет

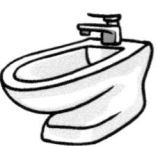

le bidet

біде

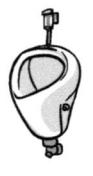

l'urinoir

пісуар

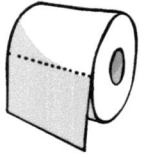

le papier toilette

туалетний папір

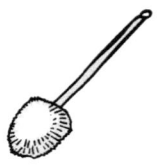

la brosse à toilette

щітка для туалету

la brosse à dents

зубна щітка

le dentifrice

зубна паста

le fil dentaire

нитка для чищення зубів

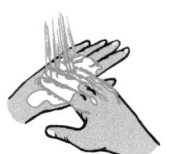

laver

мити

la douche manuelle

ручний душ

la douche intime

інтимний душ

la vasque

таз

la brosse dorsale

щітка для спини

le savon

мило

le gel douche

гель для душу

le shampooing

шампунь

le gant de toilette

мочалка

l'écoulement

водостік

la crème

крем

le déodorant

дезодорант

le miroir

дзеркало

le miroir cosmétique

косметичне дзеркало

le rasoir

бритва

la mousse à raser

піна для гоління

l'après-rasage

лосьйон після гоління

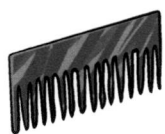

la peigne

гребінь

la brosse

щітка

le sèche-cheveux

фен

la laque pour cheveux

лак для волосся

le fond de teint

косметика

le rouge à lèvres

губна помада

le vernis à ongles

лак для нігтів

l'ouate

вата

le coupe-ongles

ножиці для нігтів

le parfum

парфум

la salle de bain - ванна кімната

la trousse de toilette

косметичка

le tabouret

табурет

le pèse-personne

ваги

le peignoir

халат

les gants de nettoyage

гумові рукавички

le tampon

тампон

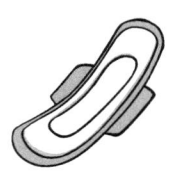

les serviettes hygiéniques

гігієнічні прокладки

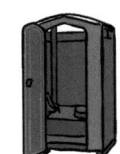

la toilette chimique

біотуалет

la chambre d'enfant

дитяча кімната

le réveil
будильник
le doudou
м'яка іграшка
la voiture jouet
іграшковий автомобіль
le hochet
брязкальце
la maison de poupée
ляльковий будиночок
le cadeau
подарунок

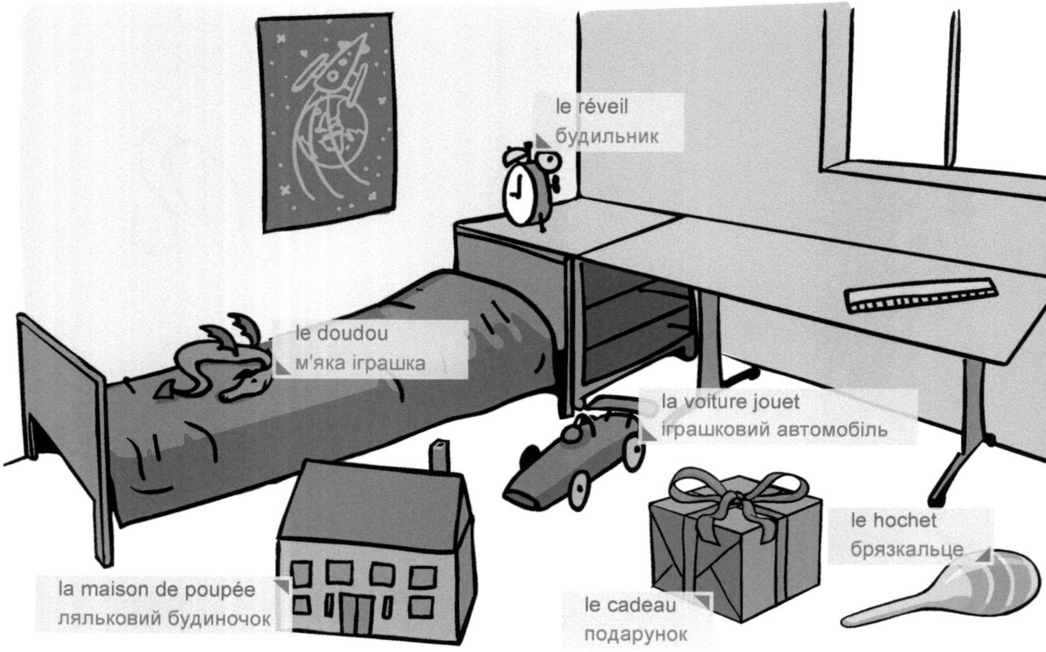

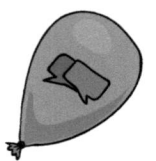

le ballon

повітряна кулька

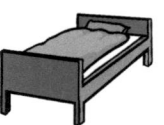

le lit

ліжко

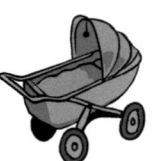

la poussette

дитячий візок

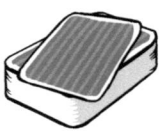

le jeu de cartes

картярська гра

le puzzle

пазл

SUPER MEGA

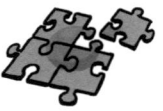

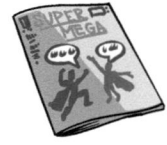

la bande dessinée

комікс

les pièces lego

лего цеглинки

les blocs de construction

блоки

la figurine

іграшкова фігурка

la grenouillère

повзунки

le frisbee

фризбі

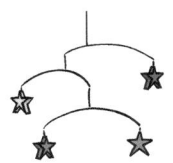

le mobile

мобіле

le jeu de société

настільна гра

le dé

кубик

le train miniature

модель залізнична станція

la sucette

соска

la fête

вечірка

le livre d'images

книжка з картинками

la balle

м'яч

la poupée

лялька

jouer

грати

la chambre d'enfant - дитяча кімната

le bac à sable

пісочниця

la balançoire

гойдалка

les jouets

іграшка

la console de jeu

гральна консоль

le tricycle

триколісний велосипед

l'ours en peluche

плюшевий мішка

l'armoire

шафа

les vêtements

одяг

les chaussettes

шкарпетки

les bas

панчохи

le collant

колготки

l'écharpe
шарф

le parapluie
парасоля

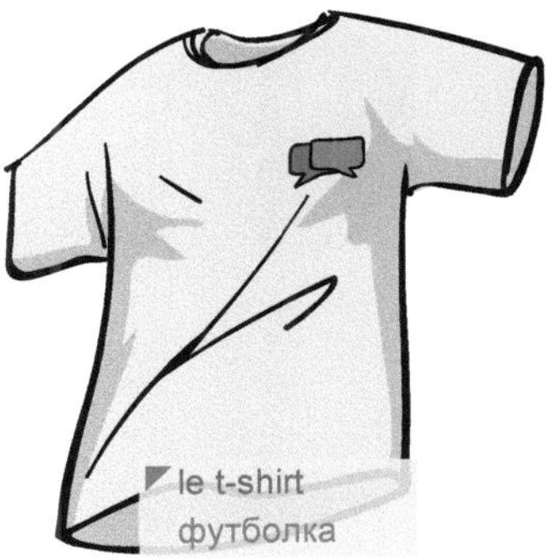

la ceinture
ремінь

le t-shirt
футболка

les bottes
чоботи

les pantoufles
домашнє взуття

les baskets
кросівки

les sandales
сандалі

les chaussures
взуття

les bottes de caoutchouc
гумові чоботи

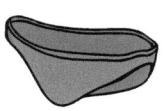

les sous-vêtements
труси

le soutien-gorge
бюстгальтер

le maillot de corps
нижня сорочка

les vêtements - одяг

le body

боді

le pantalon

штани

le jean

джинси

la jupe

спідниця

le chemisier

блузка

la chemise

сорочка

le pull

пуловер

le sweat à capuche

светр

la veste

піджак

la veste

куртка

le manteau

пальто

l'imperméable

дощовик

le costume

костюм

la robe

сукня

la robe de mariée

весільна сукня

le costume

костюм

la chemise de nuit

нічна сорочка

le pyjama

піжама

le sari

сарі

le foulard

головна хустка

le turban

чалма

la burqa

бурка

le caftan

кафтан

l'abaya

абая

le maillot de bain

купальник

le maillot de bain

плавки

le short

шорти

la tenue d'entraînement

тренувальний костюм

le tablier

фартух

les gants

рукавички

le bouton

гудзик

les lunettes

окуляри

le bracelet

браслет

le collier

ланцюг

la bague

кільце

la boucle d'oreille

сережка

le bonnet

шапка

le cintre

плічка

le chapeau

капелюх

la cravate

краватка

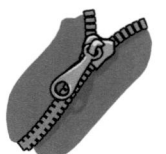

la fermeture éclair

застібка-блискавка

le casque

шолом

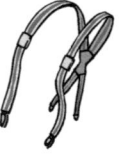

les bretelles

підтяжки

l'uniforme scolaire

шкільна форма

l'uniforme

уніформа

le bavoir

нагрудник

la sucette

соска

la lange

підгузок

le bureau
офіс

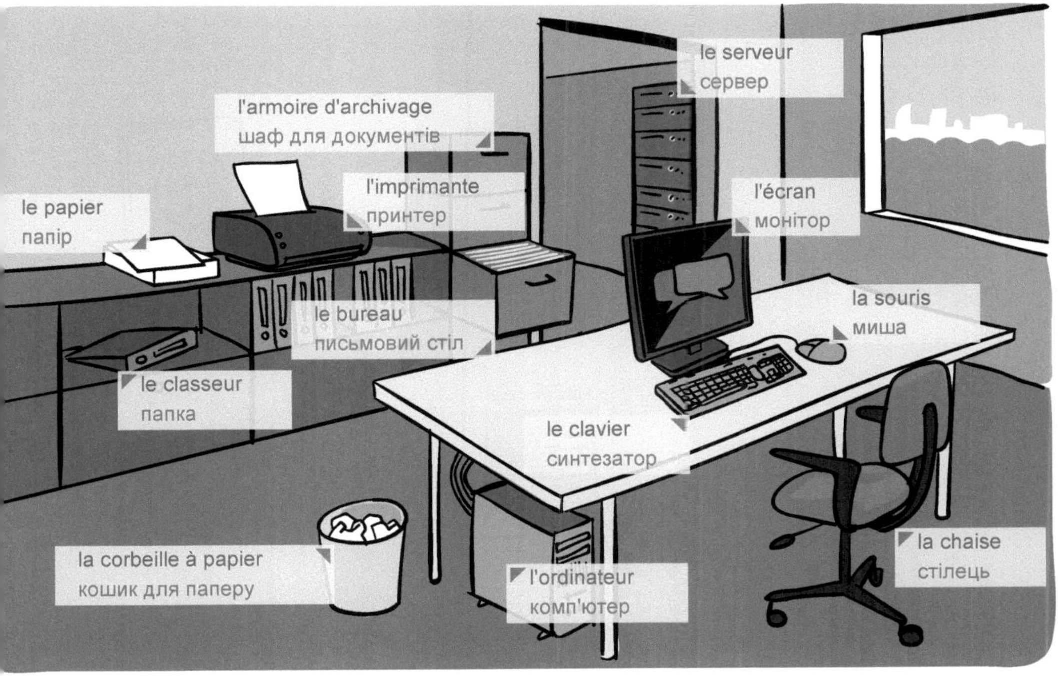

le serveur
сервер

l'armoire d'archivage
шаф для документів

l'imprimante
принтер

l'écran
монітор

le papier
папір

la souris
миша

le bureau
письмовий стіл

le classeur
папка

le clavier
синтезатор

la corbeille à papier
кошик для паперу

l'ordinateur
комп'ютер

la chaise
стілець

la tasse de café

кавовий кухоль

la calculatrice

калькулятор

l'internet

інтернет

l'ordinateur portable

ноутбук

la lettre

лист

le message

повідомлення

le portable

мобільний телефон

le réseau

мережа

la photocopieuse

копіювальний пристрій

le logiciel

програмне забезпечення

le téléphone

телефон

la prise

розетка

le fax

факс

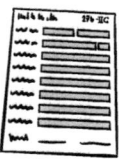

le formulaire

бланк

le document

документ

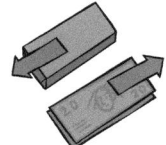

acheter

купувати

payer

платити

faire du commerce

торгувати

la monnaie

гроші

le dollar

долар

l'euro

євро

le yen

ієна

le rouble

рубль

le franc suisse

франк

le renminbi yuan

юанів женьміньбі

la roupie

рупія

le distributeur automatique

банкомат

le bureau de change

обмінний пункт

l'or

золото

l'argent

срібло

le pétrole

нафта

l'énergie

енергія

le prix

ціна

le contrat

контракт

la taxe

податок

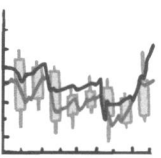

l'action

акція

travailler

працювати

l'employé

працівник

l'employeur

роботодавець

l'usine

фабрика

le magasin

магазин

les professions
професії

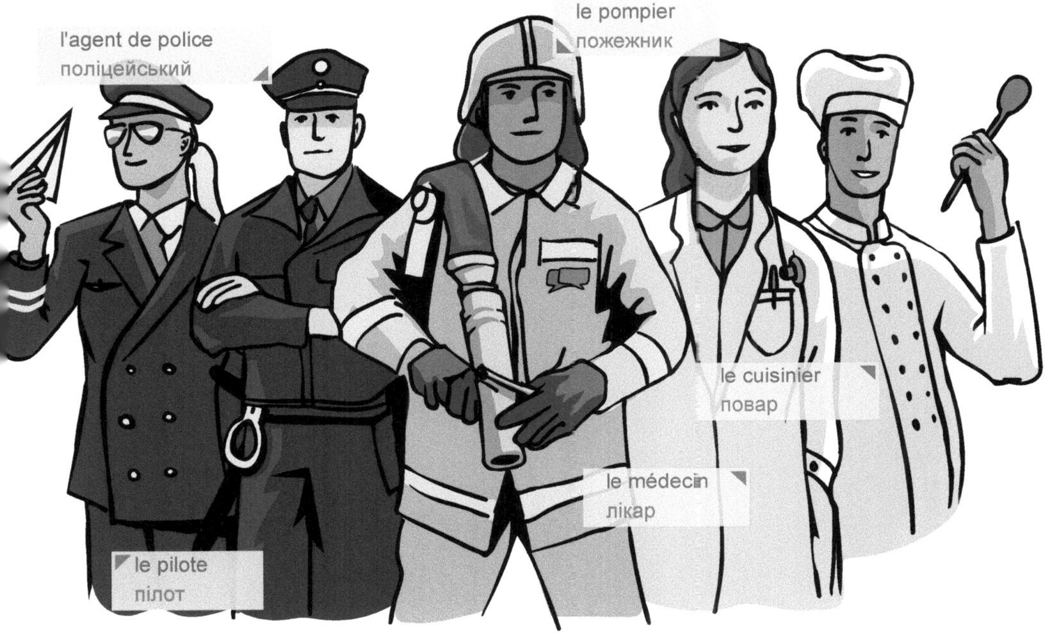

le pompier
пожежник
l'agent de police
поліцейський
le cuisinier
повар
le médecin
лікар
le pilote
пілот

le jardinier

садівник

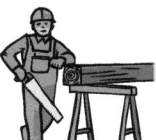

le menuisier

столяр

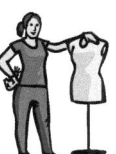

la couturière

швачка

le juge

суддя

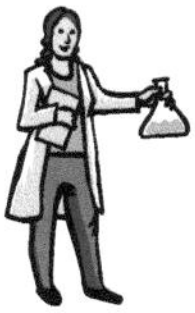

le chimiste

хімік

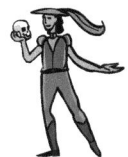

l'acteur

актор

le conducteur de bus

водій автобуса

le chauffeur de taxi

таксист

le pêcheur

рибалка

la femme de ménage

прибиральниця

le couvreur

покрівельник

le serveur

офіціант

le chasseur

мисливець

le peintre

художник

le boulanger

пекар

l'électricien

електрик

l'ouvrier

будівельник

l'ingénieur

інженер

le boucher

забійник

le plombier

бляхар

le facteur

листоноша

le soldat

солдат

l'architecte

архітектор

le caissier

касир

le fleuriste

флорист

le coiffeur

перукар

le contrôleur

кондуктор

le mécanicien

механік

le capitaine

капітан

le dentiste

дантист

le scientifique

вчений

le rabbin

рабин

l'imam

імам

le moine

монах

le prêtre

пастор

les professions - професії

les outils

інструменти

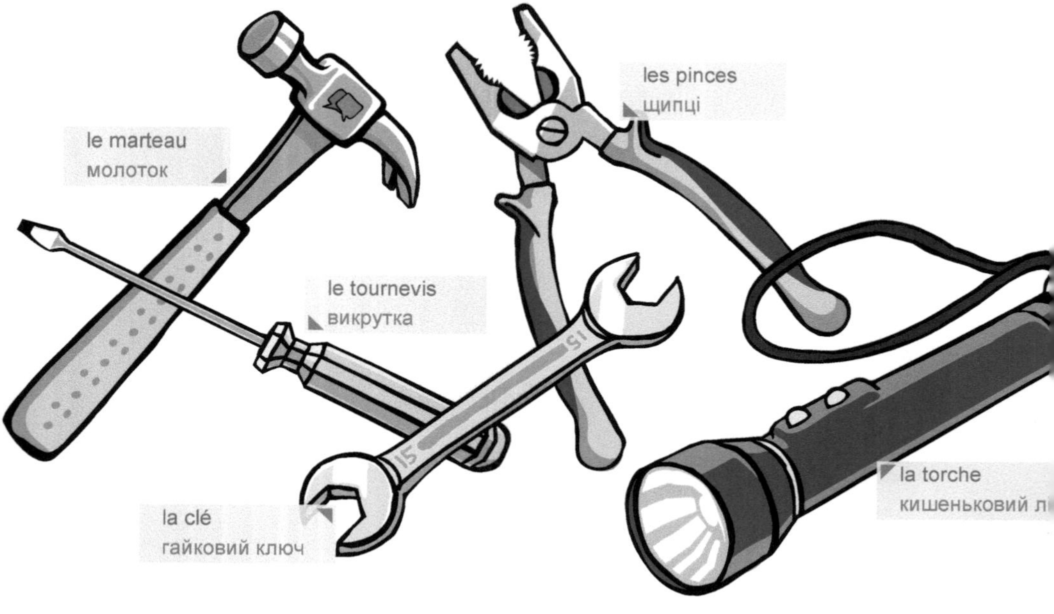

le marteau
молоток
les pinces
щипці
le tournevis
викрутка
la clé
гайковий ключ
la torche
кишеньковий л

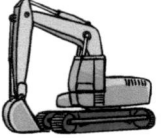

la pelleteuse

екскаватор

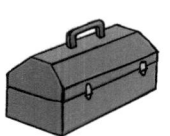

la boîte à outils

ящик для інструментів

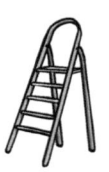

l'échelle

драбина

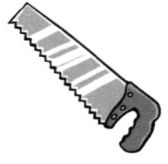

la scie

пилка

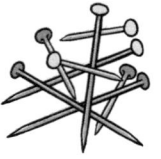

les clous

цвяхи

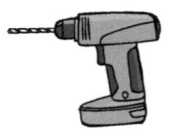

la perceuse

свердло

réparer

ремонтувати

la pelle

лопата

Mince !

лайно!

la pelle

совок

le pot de peinture

відро з фарбою

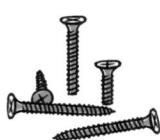

les vis

гвинти

les instruments de musique
музичні інструменти

la batterie
ударна установка

le haut-parleurs
динамік

la guitare
гітара

la contrebasse
контрабас

la trompette
труба

le piano

фортепіано

le violon

скрипка

la basse

бас

les timbales

литаври

le tambour

барабан

le piano électrique

клавіатура

le saxophone

саксофон

la flûte

флейта

le microphone

мікрофон

le tigre
тигр

l'entrée
вхід

la cage
клітка

le zèbre
зебра

l'alimentation animale
корм

le panda
панда

les animaux
тварини

l'éléphant
слон

le kangourou
кенгуру

le rhinocéros
носоріг

le gorille
горила

l'ours
ведмідь

le chameau

верблюд

l'autruche

страус

le lion

лев

le singe

мавпа

le flamand rose

фламінго

le perroquet

папуга

l'ours polaire

білий ведмідь

le pingouin

пінгвін

le requin

акула

le paon

павич

le serpent

змія

le crocodile

крокодил

le gardien de zoo

працівник зоопарку

le phoque

тюлень

le jaguar

ягуар

le poney

поні

le léopard

леопард

l'hippopotame

гіпопотам

la girafe

жираф

l'aigle

орел

le sanglier

кабан

le poisson

риба

la tortue

черепаха

le morse

морж

le renard

лисиця

la gazelle

газель

les sports

l'american Football
американський футбол

le cyclisme
їзда на велосипеді

le tennis
теніс

le basket-ball
баскетбол

la natation
плавання

la boxe
бокс

le hockey sur glace
хокей

le football

футбол

le badminton

бадмінтон

l'athlétisme

легка атлетика

le handball

гандбол

le ski

лижні перегони

le polo

поло

les activités
дії

rire
сміятися
sauter
стрибати
embrasser
обіймати
marcher
йти
chanter
співати
rêver
мріяти
prier
молитися
faire la bise
цілувати

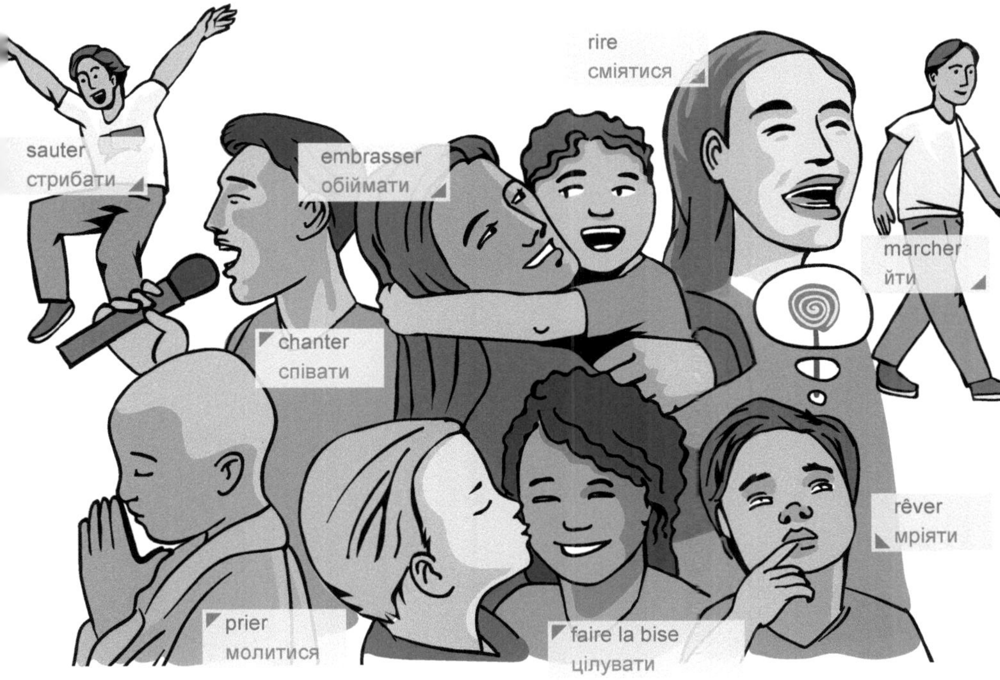

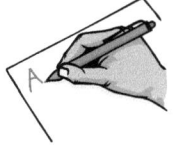

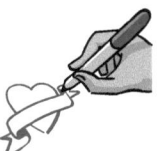

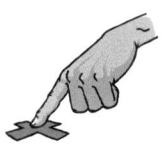

écrire

писати

dessiner

малювати

montrer

показувати

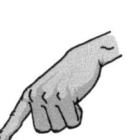

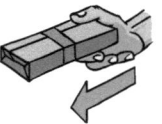

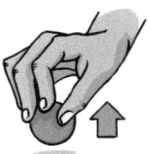

pousser

тиснути

donner

давати

prendre

брати

avoir

мати

faire

робити

être

бути

être debout

стояти

courir

бігати

trier

тягнути

jeter

кидати

tomber

падати

être couché

лежати

attendre

очікувати

porter

носити

être assis

сидіти

s'habiller

одягати

dormir

спати

se réveiller

просипатися

regarder

дивитися

pleurer

плакати

caresser

гладити

peigner

розчісувати

parler

розмовляти

comprendre

розуміти

demander

питати

écouter

слухати

boire

пити

manger

їсти

ranger

прибирати

aimer

любити

cuire

варити

conduire

їхати

voler

літати

faire de la voile

йти під вітрилом

calculer

рахувати

lire

читати

apprendre

вчитися

travailler

працювати

se marier

одружуватися

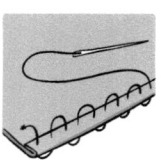

coudre

шити

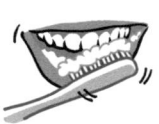

brosser les dents

чистити зуби

tuer

убивати

fumer

курити

envoyer

посилати

la famille
сім'я

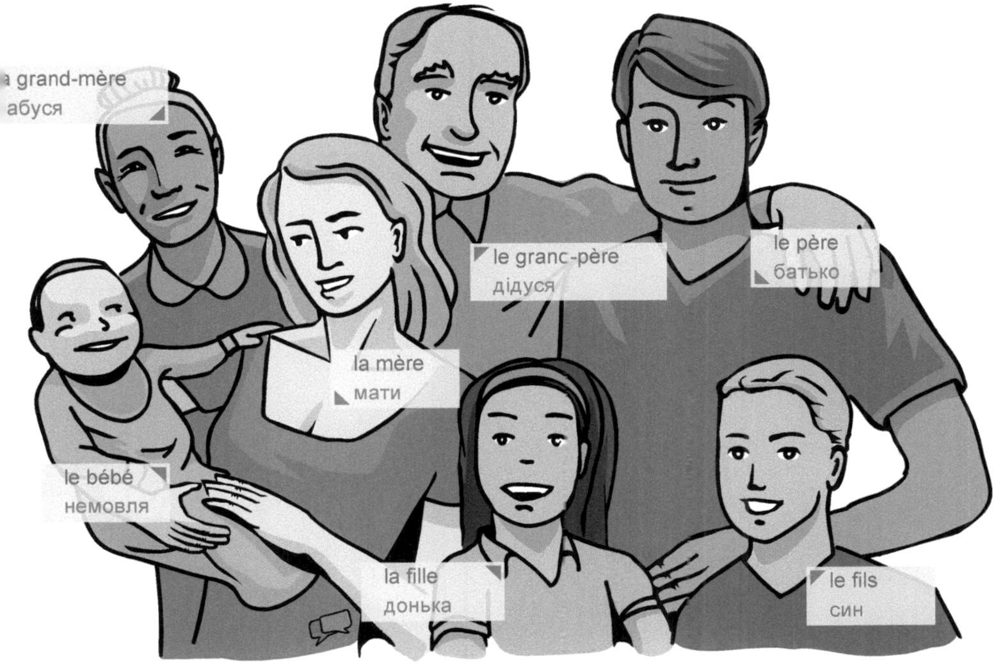
a grand-mère
абуся
le granc-père
дідуся
le père
батько
la mère
мати
le bébé
немовля
la fille
донька
le fils
син

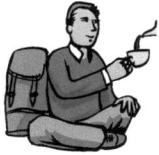

l'hôte
гість

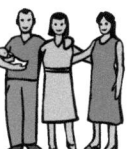

la tante
тітка

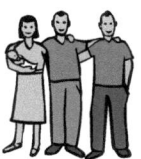

l'oncle
дядько

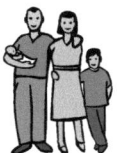

le frère
брат

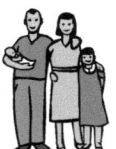

la sœur
сестра

le corps

тіло

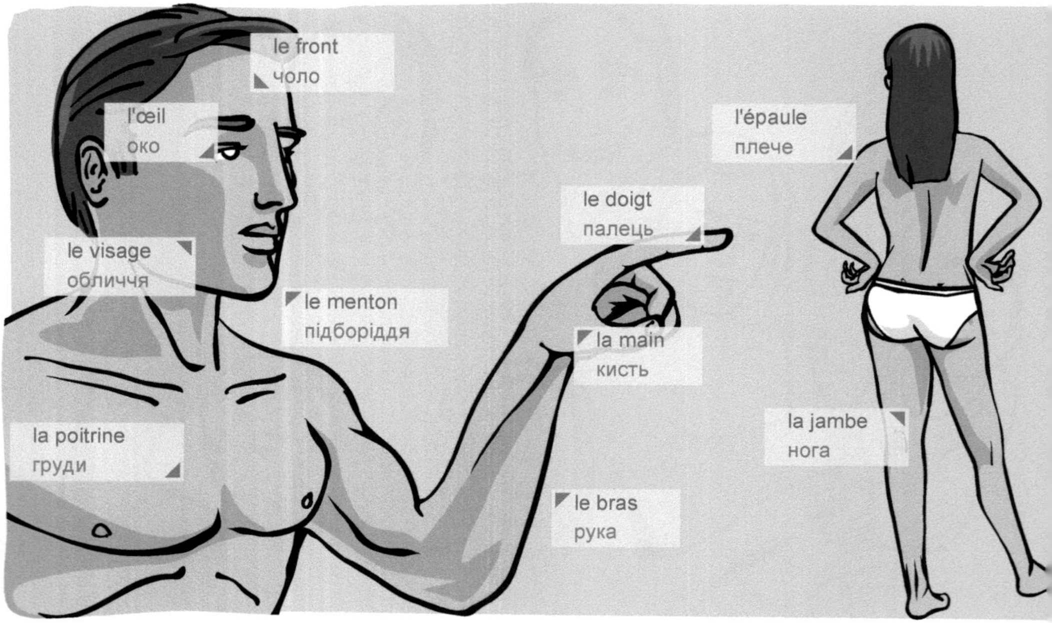

le front
чоло

l'œil
око

l'épaule
плече

le doigt
палець

le visage
обличчя

le menton
підборіддя

la main
кисть

la poitrine
груди

la jambe
нога

le bras
рука

le bébé
немовля

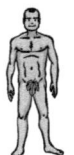

l'homme
чоловік

la femme
жінка

la fille
дівчина

le garçon
хлопчик

la tête
голова

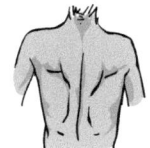

le dos

спина

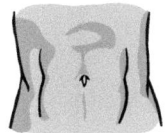

le ventre

живіт

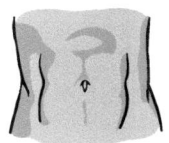

le nombril

пуп

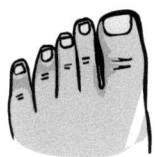

l'orteil

палець ноги

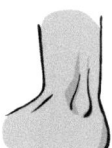

le talon

п'ята

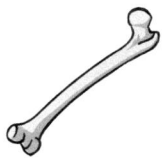

l'os

кістка

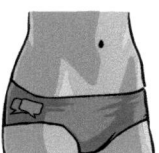

la hanche

стегно

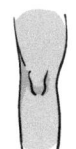

le genou

коліно

le coude

лікоть

le nez

ніс

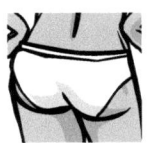

les fesses

сідниці

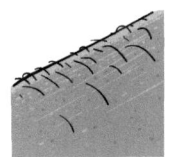

la peau

шкіра

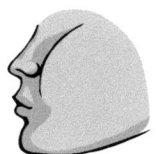

la joue

щока

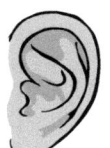

l'oreille

вухо

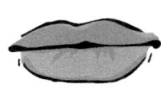

la lèvre

губа

la bouche

рот

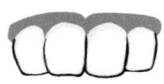

la dent

зуб

la langue

язик

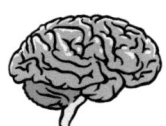

le cerveau

мозок

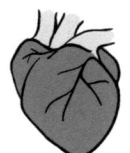

le cœur

серце

le muscle

м'яз

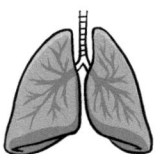

les poumons

легені

le foie

печінка

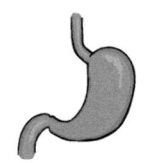

l'estomac

шлунок

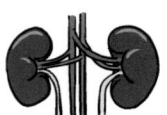

les reins

нирки

le rapport sexuel

статевий акт

le préservatif

презерватив

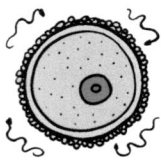

l'ovule

яйцеклітина

le sperme

сперма

la grossesse

вагітність

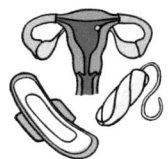

la menstruation

менструація

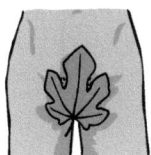

le vagin

вагіна

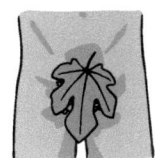

le pénis

пеніс

le sourcil

брова

les cheveux

волосся

le cou

шия

le corps - тіло

l'hôpital
лікарня

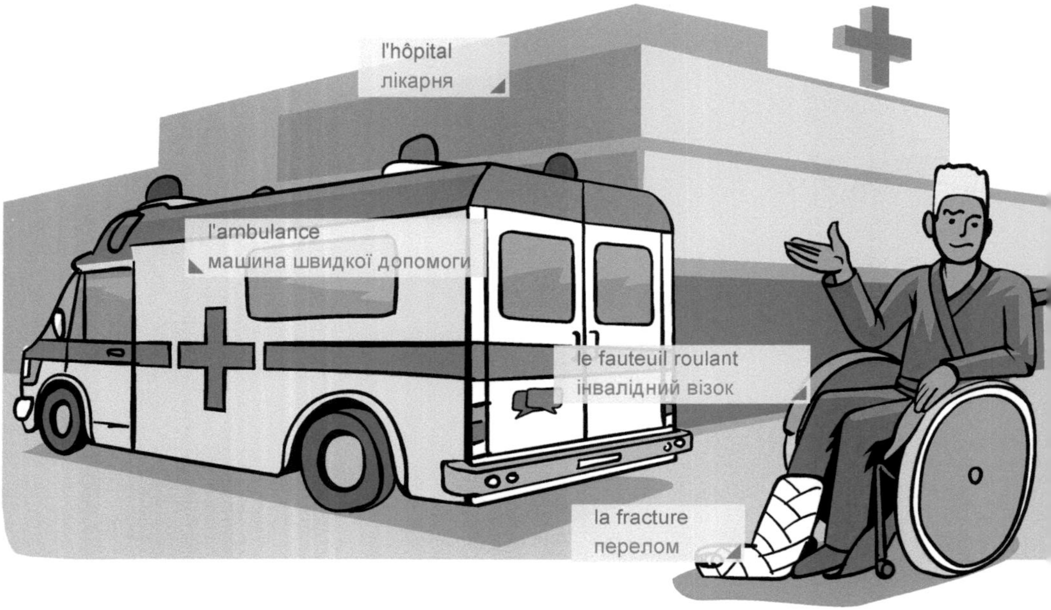

l'hôpital
лікарня
l'ambulance
машина швидкої допомоги
le fauteuil roulant
інвалідний візок
la fracture
перелом

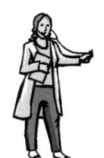

le médecin

лікар

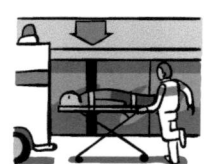

le service des urgences

відділення швидкої медичної допомоги

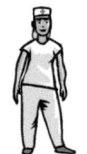

l'infirmière

медсестра

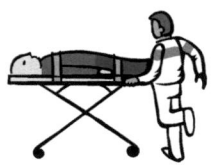

l'urgence

аварійний випадок

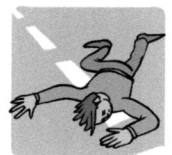

inconscient

непритомний

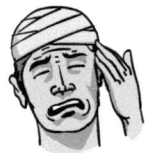

la douleur

біль

la blessure

травма

l'hémorragie

кровотеча

la crise cardiaque

інфаркт

l'attaque cérébrale

інсульт

l'allergie

алергія

la toux

кашель

la fièvre

лихоманка

la grippe

грип

la diarrhée

пронос

le mal de tête

головна біль

le cancer

рак

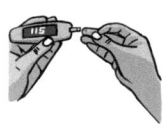

le diabète

діабет

le chirurgien

хірург

le scalpel

скальпель

l'opération

операція

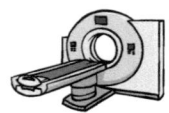

le CT

КТ

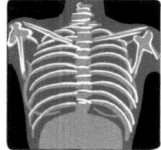

la radiographie

рентген

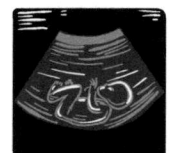

l'échographie

ультразвук

le masque

маска

la maladie

хвороба

la salle d'attente

зал очікування

la béquille

милиця

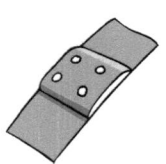

le pansement

пластир

le pansement

пов'язка

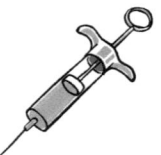

l'injection

ін'єкція

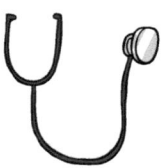

le stéthoscope

стетоскоп

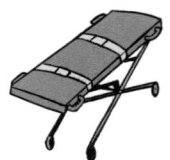

le brancard

ноші

le thermomètre

термометр

l'accouchement

народження

la surcharge pondérale

надмірна вага

l'appareil auditif

слуховий апарат

le désinfectant

дезінфікуючий зас б

l'infection

інфекція

le virus

вірус

le VIH / le sida

ВІЛ / СНІД

le médicament

медицина

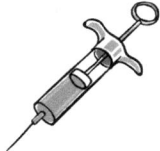

la vaccination

вакцинація

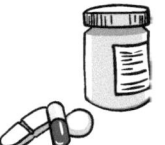

les comprimés

таблетки

la pilule

протизаплідна пігулка

l'appel d'urgence

екстрений виклик

le tensiomètre

тонометр

malade / sain

хворий / здоровий

Au secours !

Допоможіть!

l'assaut

напад

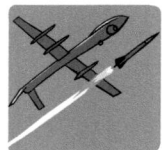

l'attaque

атака

le danger

небезпека

la sortie de secours

аварійний вихід

Au feu!

Вогонь!

l'extincteur

вогнегасник

l'accident

аварія

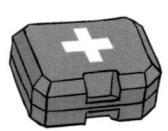

la trousse de premier
secours

аптечка

SOS

СОС

la police

поліція

l'alarme

сигнал тривоги

l'Europe

Європа

l'Amérique du Nord

Північна Америка

l'Amérique du Sud

Південна Америка

l'Afrique

Африка

l'Asie

Азія

l'Australie

Австралія

l'Océan atlantique

Атлантика

l'Océan pacifique

Тихий океан

l'Océan indien

Індійський океан

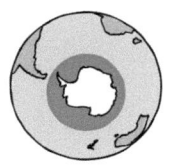

l'Océan antarctique

Антарктичний океан

l'Océan arctique

Північний Льодовитий океан

le Pôle nord

Північний полюс

le Pôle sud

Південний полюс

l'Antarctique

Антарктика

la terre

Земля

le pays

суша

la mer

море

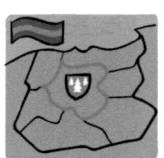

l'île

острів

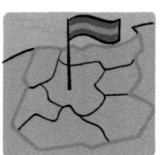

la nation

нація

l'état

держава

le cadran

циферблат

l'aiguille des heures

годинникова стрілка

l'aiguille des minutes

хвилинна стрілка

l'aiguille des secondes

секундна стрілка

Quelle heure est-il ?

Котра година?

le jour

день

le temps

час

maintenant

зараз

la montre digitale

цифровий годинник

la minute

хвилина

l'heure

година

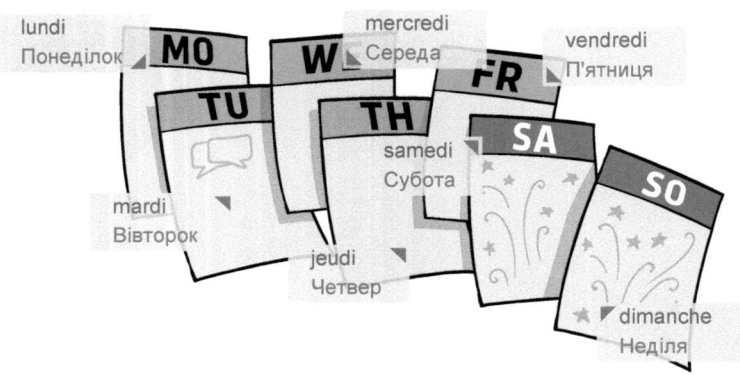

lundi
Понеділок

mercredi
Середа

vendredi
П'ятниця

mardi
Вівторок

samedi
Субота

jeudi
Четвер

dimanche
Неділя

hier

вчора

aujourd'hui

сьогодні

demain

завтра

le matin

ранок

le midi

опівдні

le soir

вечір

les jours ouvrables

робочі дні

le week-end

кінець робочого тижня

l'année
рік

la pluie
дощ
l'arc-en-ciel
веселка
la neige
сніг
e vent
вітер
le printemps
весна
l'automne
осінь
l'été
літо
l'hiver
зима

4.APRIL 11°
5.APRIL 4°
6.APRIL 13°
7.APRIL 8°
8.APRIL 10°

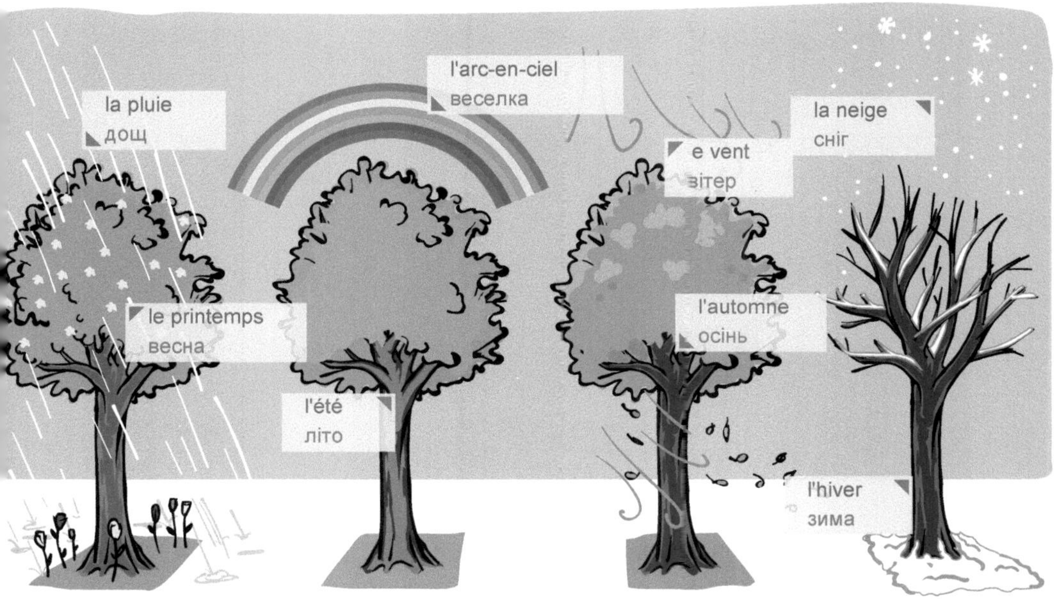

la météo

прогноз погоди

F C
120 90 60 30 0 -30
40 30 20 10 0 -10 -20

le thermomètre

термометр

la lumière du soleil

сонячне світло

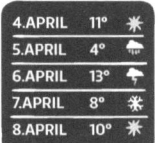

le nuage

хмара

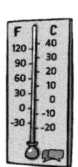

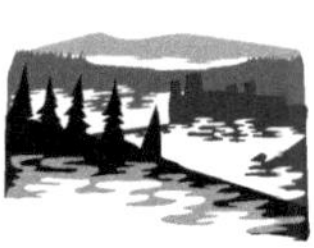

le brouillard

туман

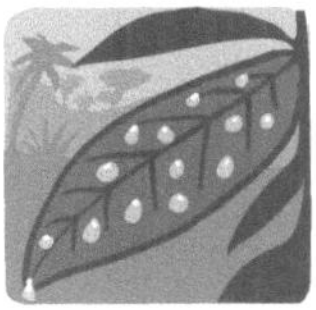

l'humidité

вологість повітря

la foudre

блискавка

la tonnerre

грім

la tempête

шторм

la grêle

град

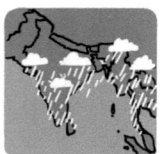

la mousson

мусон

l'inondation

повінь

la glace

лід

janvier

Січень

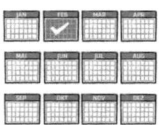

février

Лютий

mars

Березень

avril

Квітень

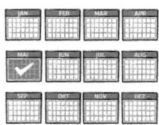

mai

Травень

juin

Червень

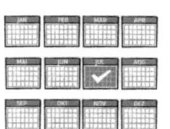

juillet

Липень

août

Серпень

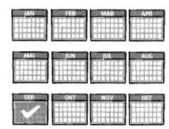

septembre
....
Вересень

octobre
....
Жовтень

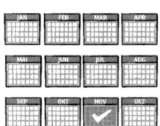

novembre
....
Листопад

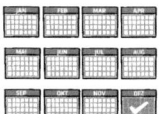

décembre
....
Грудень

les formes
форми

le cercle
....
круг

le carré
....
квадрат

le rectangle
....
прямокутник

le triangle
....
трикутник

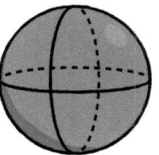

la sphère
....
куля

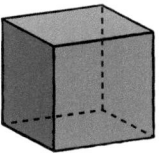

le cube
....
куб

blanc

білий

jaune

жовтий

orange

помаранчевий

rose

рожевий

rouge

червоний

violet

фіолетовий

bleu

синій

vert

зелений

marron

коричневий

gris

сірий

noir

чорний

beaucoup / peu

багато / мало

fâché / calme

лютий / мирний

joli / laid

гарний / бридкий

le début / la fin

початок / кінець

grand / petit

великий / малий

clair / obscure

світлий / темний

frère / soeur

брат / сестра

propre / sale

чистий / брудний

complet / incomplet

завершений /
незавершений

le jour / la nuit

день / ніч

mort / vivant

мертвий / живий

large / étroit

широкий / вузький

comestible / incomestible

їстівний / неїстівний

méchant / gentil

злий / дружній

excité / ennuyé

збуджений / нудьгуючий

gros / mince

товстий / тонкий

le premier / le dernier

спочатку / востаннє

l'ami / l'ennemi

друг / ворог

plein / vide

повний / порожній

dur / souple

жорсткий / м'який

lourd / léger

важкий / легкий

faim / soif

голод / спрага

malade / sain

хворий / здоровий

illégal / légal

незаконний / законний

intelligent / stupide

розумний / дурний

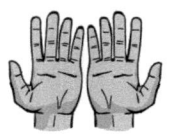

gauche / droite

вліво / вправо

proche / loin

поруч / далеко

nouveau / usé

новий / використаний

rien / quelque chose

нічого / щось

vieux / jeune

старий / молодий

marche / arrêt

вкл / викл

ouvert / fermé

відкрито / закрито

faible / fort

тихо / гучно

riche / pauvre

багатий / бідний

correct / incorrect

правильно / неправильно

rugueux / lisse

шорсткий / гладкий

triste / heureux

сумний / щасливий

court / long

короткий / довгий

lent / rapide

повільно / швидко

mouillé / sec

вологий / сухий

chaud / froid

гарячий / холодний

la guerre / la paix

війна / мир

les oppositions - протилежност

0

zéro

нуль

1

un / une

один

2

deux

два

3

trois

три

4

quatre

чотири

5

cinq

п'ять

6

six

шість

7

sept

сім

8

huit

вісім

9

neuf

дев'ять

10

dix

десять

11

onze

одинадцять

12

douze

дванадцять

13

treize

тринадцять

14

quatorze

чотирнадцять

15

quinze

п'ятнадцять

16

seize

шістнадцять

17

dix-sept

сімнадцять

18

dix-huit

вісімнадцять

19

dix-neuf

дев'ятнадцять

20

vingt

двадцять

100

cent

сто

1.000

mille

тисяча

1.000.000

le million

мільйон

les nombres - числа

l'anglais

англійська

l'anglais américain

американська англійська

le chinois mandarin

китайська
високочиновницька

le hindi

хінді

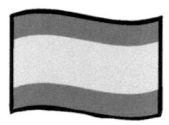

l'espagnol

іспанська

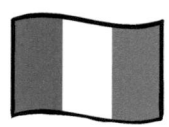

le français

французька

l'arabe

арабська

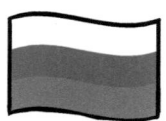

le russe

російська

le portugais

португальська

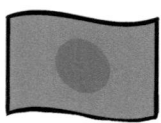

le bengali

бенгальська

l'allemand

німецька

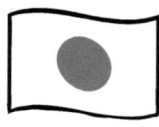

le japonais

японська

je

я

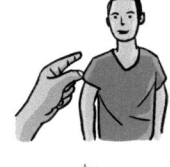

tu

ти

il / elle / ce, c', cela

він / вона / воно

nous

ми

vous

ви

ils / elles

вони

Qui ?

хто?

Quoi ?

що?

Comment ?

як?

Où ?

де?

Quand ?

коли?

le nom

ім'я

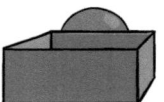

derrière

ззаду

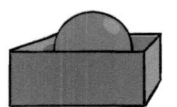

dans

в

devant

перед

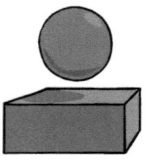

au-dessus

над

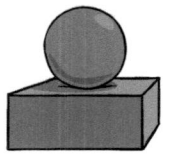

sur

на

en-dessous

під

à côté de

біля

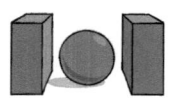

entre

між

le lieu

місце